女性小哑铃
健身指南

林小达 编著

人民邮电出版社
北京

图书在版编目（CIP）数据

女性小哑铃健身指南 / 林小达编著. -- 北京：人民邮电出版社，2022.11
ISBN 978-7-115-57905-8

Ⅰ. ①女… Ⅱ. ①林… Ⅲ. ①女性－哑铃(健身运动)－指南 Ⅳ. ①G835.4-62

中国版本图书馆CIP数据核字(2022)第019520号

内 容 提 要

使用小哑铃锻炼不仅方便，而且还有非常好的锻炼效果。本书由运动健身博主林小达编著，专为没时间去健身房、买了一堆健身装备却从未真正开始锻炼的女性打造。书中不仅介绍了小哑铃健身入门的基础知识，包括小哑铃的选择、训练的注意事项、小哑铃的正确使用方法等，还提供了从热身运动、肌肉训练、拉伸放松到健身方案的全面指导。此外，本书针对营养管理也给出了详细的建议，旨在帮助女性健身者养成规律健身、均衡饮食的良好习惯，从而高效地减脂塑形，保持良好身材。

◆ 编　　著　林小达
责任编辑　裴　倩
责任印制　周昇亮

◆ 人民邮电出版社出版发行　北京市丰台区成寿寺路 11 号
邮编　100164　电子邮件　315@ptpress.com.cn
网址　https://www.ptpress.com.cn
雅迪云印（天津）科技有限公司印刷

◆ 开本：700×1000　1/16
印张：7.25　　　　　　　2022 年 11 月第 1 版
字数：145 千字　　　　　2022 年 11 月天津第 1 次印刷

定价：39.80 元

读者服务热线：(010)81055296　印装质量热线：(010)81055316
反盗版热线：(010)81055315
广告经营许可证：京东市监广登字 20170147 号

在线视频访问说明

本书提供第2章的全部训练视频，您可以通过微信的"扫一扫"功能，扫描本页的二维码进行观看。

● 步骤1
点击微信聊天界面右上角的"+"，弹出功能菜单（如图1所示）。

● 步骤2
点击弹出的功能菜单上的"扫一扫"，进入该功能界面，扫描本页的二维码。

● 步骤3
如果您未关注"人邮体育"微信公众号，在第一次扫描后会出现"人邮体育"微信公众号的二维码（如图2所示）。关注"人邮体育"微信公众号之后，点击"资源详情"（如图3所示）即可观看视频。

如果您已经关注了"人邮体育"微信公众号，扫描后可以直接观看视频。

图1

图2

图3

目录 CONTENTS

第3章

营养课堂

第4章

实用的小哑铃健身方案

第 1 章

女性小哑铃健身入门

1.1 适合女性的万能健身器械——小哑铃

相信很多刚接触健身的人，尤其是女生，会有这样相似的经历：在连续大吃大喝几天之后、在看着体重秤数字飙升的瞬间、在去年衣服穿不上的时候、在要与心仪已久的人约会时……看着自己的游泳圈、拜拜肉深深地哀叹一声，进而发出"我要减肥"的豪言壮语。

但是健身新人常常由于不知从何处入手而轻易相信健身机构的宣传，在令人眼花缭乱的打折、优惠活动中掏出钱包乖乖办卡，然后又为了能光鲜靓丽地出现在健身房而购买健身装备。当健身装备的快递到达手中时，最初的健身热情渐渐消散，装备可能还没用上便已经躺在角落里，健身卡也不知被塞到了背包的哪个位置。

当然也有真的下定决心要在健身房训练出成果的人，但他们也可能会陷入以下烦恼之中：今天太累了，去健身房的力气都没有了，还是休息一天吧；连着练了几天都没什么效果啊，要不还是换个方式吧；去了健身房老是被推荐买私教课，好烦啊，不想去了……诸如此类主观或客观的因素都会成为通往健身之路的绊脚石，究其原因，一是时间上不够灵活，二是地点上有所限制，三是不容易养成良好的运动习惯。

对于健身新人来说，健身房大不大、设备全不全都不是最重要的问题，如何能随时随地的健身、将训练融入生活才是最重要的事情。不必为了减肥而特意空出时间奔波于往返健身房的路上，也不必为了没空去健身房而感到懊恼，更不必因为去不了健身房而为自己的懒惰找借口，跟着本书使用小哑铃作为健身工具便可以轻松地解决这些问题。

哑铃作为最常用的小型器械之一，不仅可以自由调节和选择重量，适合不同人群的锻炼需求，还具有体积小、便于存储和携带的优点，对于训练场所的要求也十分简单。不论是在家中、办公室，还是在外地旅游或出差的居所，我们都可以随心使用。哑铃价格便宜，非常适合健身新人购买，避免金钱上的浪费。

> **备忘录MEMO**
>
> 很多女生都担心进行力量训练会让自己变成肌肉发达的"大块头"，但其实不论男生还是女生，想要增肌成"大块头"都不是一件容易的事。因为想练出明显的肌肉线条，需要进行高强度训练，不断提升力量训练的负重，科学、合理、精准地搭配每天的饮食，并注意休息，避免训练过度，是一项系统工程。而要练出健美运动员那样的"大块头"，难度更高。对于刚开始健身的女生来说，完全没有必要担心。

除此之外，哑铃还可以有效训练身体的各个部位。通过改变哑铃的重量、运动方式和运动轨迹，能够刺激各部位的肌肉，不论是进行减肥塑形、体能训练，还是用于改善身体亚健康状态或塑造良好的姿势体态，都能够发挥令人意想不到的作用。

还等什么呢，赶快选择一对适合自己的哑铃，跟着本书开启健身之旅吧！

1.2 如何选择适合自己的小哑铃

哑铃的重量范围跨度很大，既有1~2千克之间的轻哑铃，也有高达30千克的重哑铃，材质更是多种多样，如浸塑哑铃、电镀哑铃、烤漆哑铃、包胶哑铃等。面对如此琳琅满目的选择，很多人都会感到选择困难。多重的哑铃适合我呢？哪种哑铃训练效果更好呢？什么类型的哑铃质量最佳呢？

首先，明确自己的健身目的再去选择哑铃。对于想要减脂塑形的人群来说，低负荷、多次数是最佳训练方式，可以从重量较低的轻哑铃开始，做一个简单的动作去试用不同重量的哑铃，做15次左右会感到力竭的重量即是适合自己的重量。对于想要增肌的人群来说，高负荷、少次数的方式更为适合。选择重哑铃，做10次左右会感到力竭的重量即是适合自己的重量。

其次，不同材质的哑铃其手感、价位等各不相同，可以根据自己的喜好进行选择。

最后，注意不同哑铃的使用方式和保养方法，避免发生危险。对于可调节重量的哑铃，每次使用前要都要检查固定重量片的螺栓，以确保安全。

浸塑哑铃

电镀哑铃

烤漆哑铃

包胶哑铃

备忘录MEMO

浸塑哑铃是将实心铸铁制成的哑铃毛件通过浸塑的方式包裹一层PVC材料，具有防护耐磨、性价比高的特点，而且色彩选择较其他哑铃更为丰富，受到许多年轻女性喜爱。

电镀哑铃基本为铸铁制成，表面进行电镀处理后富有光泽且抗腐蚀，不必担心汗渍浸染。

烤漆哑铃是将铸铁加以电镀和烤漆，表面光滑且不易生锈，通常有可调节重量的哑铃片。

包胶哑铃一般内部为铸铁，外层以橡胶材质包裹，铃头为六边形或十二边形，便于放置。

1.3 小哑铃的正确使用方法

本书主要对1~2千克的轻哑铃，也就是小哑铃的使用方法和基本动作模式进行讲解。本节从小哑铃使用时的握距、握法、站位及站距等入手，对小哑铃的基本使用规则展开讲解，以帮助大家掌握小哑铃的正确使用方法，进而为训练做好准备。

◆ 握距

指双手握住哑铃后，两者之间相隔的距离。由于哑铃是"全自由"器械，手的握距也有多种，而不同的握距可以帮助训练者达到不同的训练目的。在日常训练中，双手之间的握距一般包括宽握距、中握距和窄握距3种。在做动作的过程中可有意识地改变手的握距，这样既能锻炼不同的肌肉，又能加强动作对整块肌肉的刺激，提升锻炼效果。

宽握距 双手之间的握距宽于肩，约比肩宽5厘米以上。要注意的是，太宽的握距可能会造成肩部疼痛，要根据自身情况调整出适合自己的宽握距。

宽握距

中握距 双手之间的握距约与肩同宽。

中握距

窄握距 双手之间的握距略窄于肩，约比肩宽小于5厘米以上。

窄握距

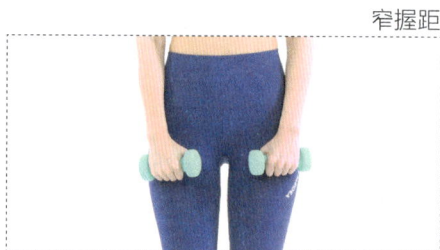

◆ 握法

简单地说，就是锻炼时手握住哑铃的方法。常用的握法是将哑铃杆放置在手心，拇指压在食指上，之后五指同时用力握紧哑铃。

握法

◆ 站位

是指在进行运动或做各种训练动作时双脚的站立位置，通常包括平行站位、分开站位和前后站位3种，适用于不同动作。本书的动作练习多采用平行站位。

平行站位 双脚左右分开时脚尖朝前且双脚之间呈平行状态。该站位方法适用于大部分的训练动作。

分开站位 双脚左右分开时脚尖朝向两侧的斜前方，双脚之间具有一定角度。在进行一些大幅度垂直上下的身体动作时，这样的站位会使股四头肌、臀部的发力更加均匀。

平行站位

分开站位

前后站位 双脚前后分开站立，脚尖朝前且双脚之间呈平行状态。躯干直立，双腿伸展，重心位于双腿之间。这种站位一般多用于下肢练习，可以增加核心稳定性。

窄站距

前后站位

中站距 指的是双脚分开站立且间距与肩同宽，这种站距运用最为广泛。

中站距

◆ **站距**

常见的站距分为3种：窄站距、中站距和宽站距。在进行哑铃练习时，很多训练动作会对站距有一定的要求，便于更好地训练目标肌肉。但需要强调，无论是窄站距、中站距还是宽站距，都要保持脊柱中立，收紧核心，且膝关节与脚尖朝向一致。

窄站距 指的是双脚并拢或双脚间的间距小于肩宽。锻炼过程中，窄站距要比宽站距更能锻炼股四头肌。

宽站距 指的是双脚分开站立且间距大于肩宽，一般控制在两倍肩宽之内。这种站距能够让身体重心更稳定，同时又能在锻炼时更多调动臀部、大腿后侧以及大腿内侧肌群，缓解膝关节的压力。

宽站距

◆ 卧姿

有很多训练动作是需要呈卧姿完成的，比如卧推等。常用于健身中的卧姿包括仰卧和俯卧两种。

仰卧

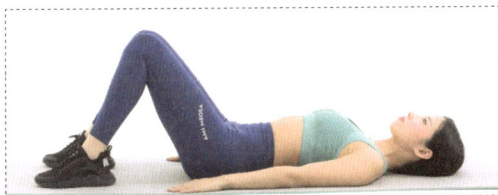

仰卧 指的是整个后脑、后背还有臀部都紧靠在垫子上，下颌微收，双腿屈膝、双脚平放于地面的姿势。脊椎适度弯曲而不要过分反弓，感觉手掌能勉强插进腰和垫子之间即可。发力时身体保持稳定，不要抬头也不要顶髋，肩膀尽量保持下沉状态，双脚也不要用力"搓地"。这样的卧姿可以在做动作时刺激各大肌群，同时保护各个关节。

俯卧 指的是趴在地面上、头部抬起、双臂前臂撑地的姿势。双脚脚背绷直，脚尖接触地面，双腿伸展，腰腹部紧贴地面，胸部自然上抬。

俯卧

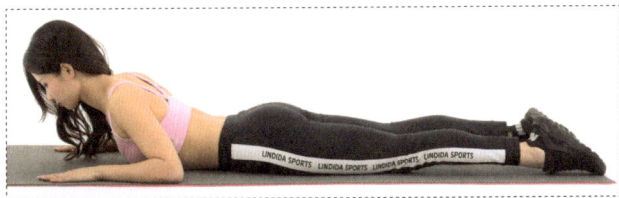

13

◆ **蹲位**

蹲位也是在哑铃训练过程中常用到的姿势。根据下蹲的程度和姿势分为浅蹲、深蹲和剪蹲3种。

浅蹲　双脚左右分开呈平行站位，双腿屈髋屈膝下蹲，大腿与小腿夹角大于90度。

浅蹲

夹角大于90度

深蹲　双脚左右分开呈平行站位，双腿屈髋屈膝下蹲至大腿与地面平行，下蹲过程中时刻保持肌肉的紧张感。

深蹲

大腿与地面平行

剪蹲　双脚前后分开站立，前侧腿屈髋屈膝至大腿与地面平行，后侧腿屈膝至大腿与地面垂直，避免膝关节接触地面。

剪蹲

备忘录MEMO

下蹲的过程中始终保持膝盖与脚尖方向一致，且膝盖不得前伸至超过脚尖。

第 2 章

开始训练

2.1　5分钟动态热身，激活你的全身肌肉

准备好器材，制订好目标后就可以正式开始我们的训练啦！热身运动就是开始的第一步，充分的热身运动会让我们运动起来更加得心应手，更快速地进入状态。

在开始运动前我建议大家花10~15分钟的时间进行热身准备活动。若一开始就进行大强度的运动，很可能会出现肌肉酸痛、无力等疲惫的情况，很难高效进行下面的训练。

热身的益处

01 将更多的氧气和营养物质运送至肌肉，提高能量代谢率

02 提高神经系统兴奋性，提升运动效果

03 让心肺系统提前做好准备

04 改善心理状态

05 让关节得到润滑

06 预防运动损伤

目标肌肉：核心肌群、肩关节周围肌群、前锯肌、大腿后侧肌群

蠕虫练习

难度级别

初级

益处
- 放松大腿后侧肌群
- 激活核心、肩部周围肌群
- 提高运动中肩关节和身体的稳定性

注意事项
- 随着柔韧程度的增加可以适当将腿伸得更直
- 全程核心收紧

Step **1** 身体自然直立，双臂垂于身体两侧。

Step **2** 保持双腿伸直，俯身，双手接触地面至双手撑地。

Step **3** 保持双腿伸直，双手缓慢向前移动。

← 双手向前移动

19

Step
4 双手继续向前,
位于头部下方。
此时脚跟离地,
脚尖撑地。

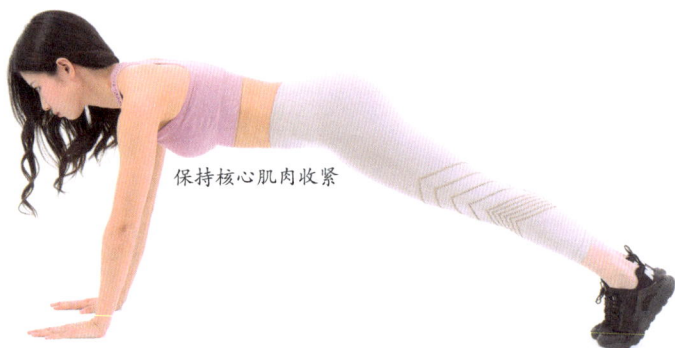

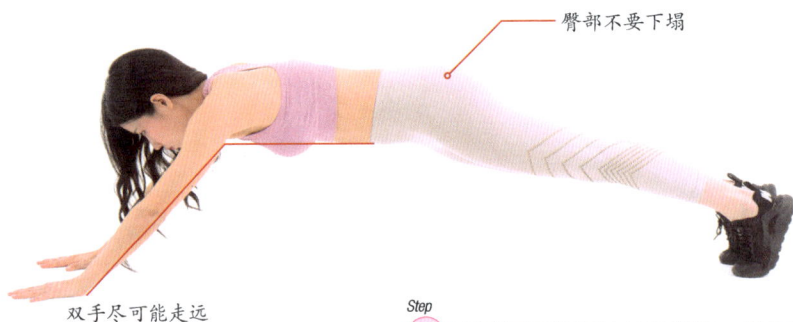

保持核心肌肉收紧

臀部不要下塌

双手尽可能走远

Step
5 双臂尽可能远地往前移动。然后双脚小步向
双手位置移动,完成一次动作,重复进行,
完成规定次数。

正误对比

双手尽可能走得更远,髋部不可向下塌。

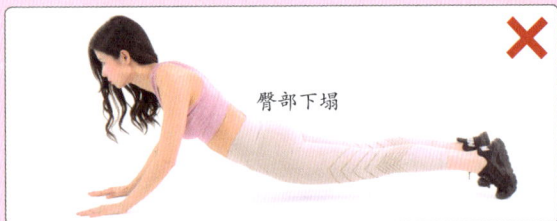

身体保持平直 ✔

臀部下塌 ✘

变式动作 双腿适当弯曲

若在锻炼过程中，双腿伸直时双手不能完全接触地面，双腿可适当屈膝，使双手触地。随着柔韧性的不断增加，双腿可逐渐伸直。

可适当屈膝，双手触地

若手掌不能接触地面

目标肌肉：三角肌、斜方肌、背阔肌

YTWL 飞鸟

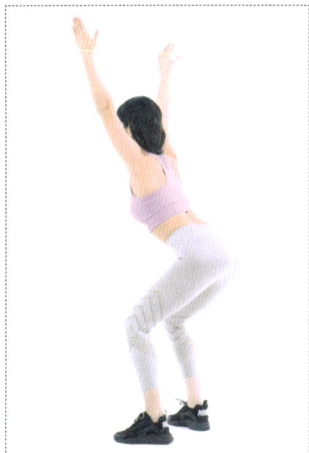

多角度图

难度级别

初级

益处
- 激活肩部及背部肌肉
- 改善圆肩驼背的身体姿态

注意事项
- 保持腹部收紧，上身逐渐向前倾斜
- 手臂依次呈YTWL字母的形状。4个动作为一组
- 每个动作保持3秒，过程中不休息
- 也可双手持哑铃增加训练强度

肘关节伸直

Step
1 双脚自然开立，膝关节略微弯曲，保持位置不可前移。双臂伸直，双手张开，手臂沿拇指方向由下向上举起，至动作极限呈"Y"状，并保持动作3秒。

上臂与身体
呈90度

Step 2 接上面动作，身体保持不动，双手握拳大拇指向上。双臂伸直向下移动至与身体呈90度。身体躯干保持不动，双臂向后打开呈"T"状。挤压肩胛骨位置，保持动作3秒。

多角度图

多角度图

Step 3 动作不停，双手呈掌，掌心向前。双臂屈肘小于90度，呈"W"状。肘尖向臀部方向运动，双手与肩齐平，保持动作3秒。

Step 4 接上面动作，上臂抬平与双肩连成一条直线。双臂屈肘呈90度，掌心向前呈"L"状。保持动作3秒。重复动作完成规定次数。

掌心向前

肘关节屈曲90度

多角度图

23

目标肌肉：背部中上方肌肉

侧卧胸椎旋转

双手并拢

呈90度

多角度图

Step

1 侧卧，面向左侧，屈髋屈膝，膝关节弯曲90度，双腿并拢。双臂伸直与肩部齐平，左臂紧贴地面，双手并拢。

难度级别

初级

益处
- 放松背部中部和上方肌肉
- 改善胸椎灵活度

注意事项：
- 左侧手臂、肩部始终接触地面
- 旋转躯干，腿部保持不动
- 旋转身体后保持动作2~3秒

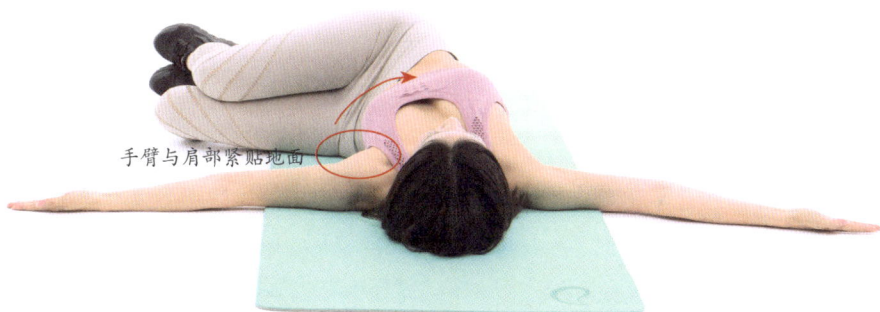

手臂与肩部紧贴地面

Step

2 左臂紧贴地面不可离地，下身保持
不动。右臂随肩胛骨向右侧展开，
尽量贴近地面。动作过程中头部随
上身向右侧旋转，双腿保持不动，
配合呼吸进行。恢复起始姿势，完
成规定次数。对侧亦然。

多角度图

正误对比

最终，左侧肩部和手臂必须接
触地面。右侧肩胛骨尽量贴地。

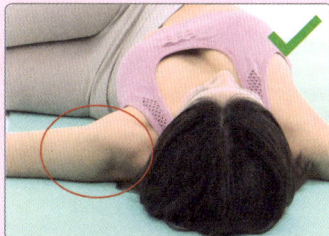

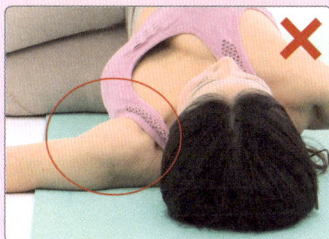

目标肌肉：大腿内侧、臀部外侧肌肉

左右摆腿

难度级别

初级

益处
- 激活腿部、臀部外侧肌肉以及髋内收肌
- 提高髋关节灵活度

注意事项
- 身体自然直立，保持腹部收紧
- 在尽量保持骨盆稳定的前提下，腿尽可能摆到最高处

Step

1 身体自然直立，双手扶住稳定物体，保证身体的稳定。右脚抬起，交于左腿前。

多角度图

伸直右摆

备忘录MEMO

若在锻炼刚开始不能将腿抬很高，没有关系。在保证骨盆尽量稳定的状态下，逐步提升抬起的高度。

Step
2 保持身体直立，右腿向身体右侧摆动至最高位置。

Step
3 随后右腿向身体方向摆动，在左腿前交叉，恢复起始姿势，完成一次动作。重复动作，完成规定次数。对侧亦然。

27

＼ **目标肌肉：髂腰肌、股四头肌** ／

原地高抬腿

难度级别

初级

益处

● 激活髂腰肌、股四头肌

注意事项：

● 身体自然直立，下背部不可弓起

● 腿部尽可能抬高

脚尖向下

Step **1** 身体自然直立，双手扶腰，目视前方。

Step **2** 上身保持不动，保持身体稳定并高抬左腿。

Step
3 左脚落地后，右腿重复动作。双腿交替
进行，完成规定次数。

正误对比

若背部弓起，会使身体产生代偿性运动，
无法有效锻炼目标肌肉。

后背挺直 ✔

后背弓起 ✖

目标肌肉：髋外展肌群

蛤壳运动

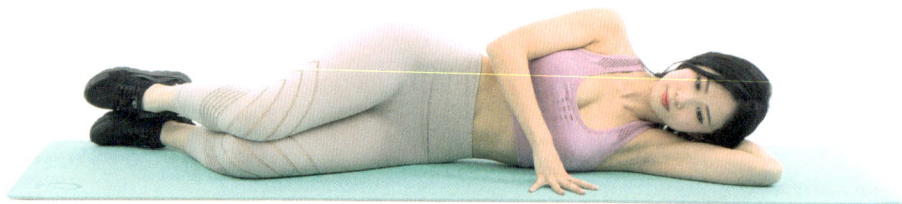

Step
1 侧卧，面向左侧，髋关节及膝关节弯曲45度。右腿位于左腿之上，双腿并拢。头靠在左臂上，右手于胸前撑于地面。

难度级别

初级

益处
- 强化髋外展肌群
- 改善臀部肌肉形态
- 提高运动中臀部的控制，增强膝关节的稳定性

注意事项
- 靠近地面的腿要始终保持紧贴地面
- 腿部尽可能张开，想象一个张开的蛤壳

正误对比

在动作过程中，保证左腿不离开地面。

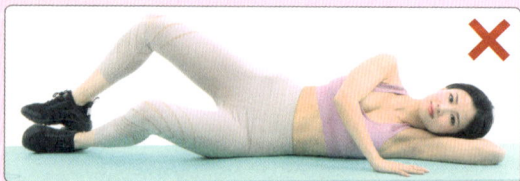

做动作时想象一个
张开的蛤壳

2 右膝向上方尽可能地张开，其他部位保持不动。稍作
停顿，恢复起始姿势，完成规定次数。对侧亦然。

变式动作　手臂支撑头部

\ **目标肌肉：核心肌群** /

平板支撑

身体呈直线

由俯卧姿势准备，弯曲肘部，前臂支撑身体。将身体重心置于前臂之上，双手握拳，双脚脚尖撑地，身体由肩部到脚踝呈一条直线。收紧核心，保持姿势30秒。

错误动作

肘部应位于肩部正下方，不可出现肘部过前或过后的情况。

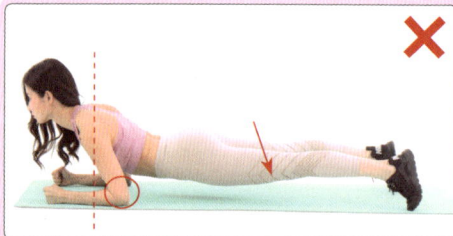

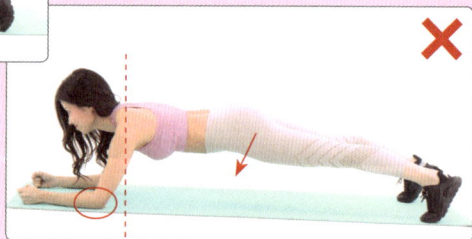

难度级别

中级

益处

- 锻炼核心肌群
- 改善腹部肌肉线条
- 提高运动中身体的控制能力

注意事项

- 肩部在肘部正上方
- 臀部不可高于肩部
- 双脚距离与肩同宽
- 始终保持身体挺直

备忘录MEMO

若在锻炼过程中不能坚持30秒，可以每10秒后休息5秒，多次进行，累计30秒。每次重复过程中尽可能坚持更长时间。

多角度图

错误动作

臀部不可以出现向上翘或下塌的情况，臀部肌肉要绷紧，身体从肩部至臀部始终呈一条直线。

臀部高于肩部 ✕

臀部低于肩部 ✕

目标肌肉：下肢肌群、三角肌

开合跳

挺胸收腹，腰
背部要挺直

难度级别

初级

益处
- 有氧与无氧的结合
- 锻炼心肺功能，提高心率和体能
- 同时锻炼肩部、腿部的肌肉

注意事项
- 起跳落地控制有力，动作精准
- 落地时双腿应略微弯曲进行缓冲

Step 1 身体自然直立，挺胸收腹，双臂垂于身体两侧。

跳起落地时保
持身体平衡

Step
2 轻轻跳起，双腿向外打开，同时双手向上拍合。
然后双脚合并，双手回到身体两侧，恢复起始
姿势，完成规定次数。

目标肌肉：股四头肌、臀部肌肉

哑铃侧弓步

下蹲时臀部肌肉收紧

右脚平放于地面

Step **1** 身体自然直立，双手各持一个哑铃，双臂自然垂于身体两侧，掌心相对。

Step **2** 右脚抬起向右侧跨出一大步，同时臀部向后向下"坐"，左腿屈膝，降低身体。双臂向左侧摆动。

Step
3 恢复起始姿势后，左腿向左侧迈步，重复侧弓步动作，两侧交替完成规定次数。

脊柱保持中立

难度级别
初级

益处
- 提高臀部与下肢肌肉力量
- 增强骨盆、膝关节的稳定性

注意事项
- 若存在膝关节疼、背部疼、单腿负重承受有难度等情况，便不适合练习此动作
- 膝关节的运动方向应与脚尖的方向一致

错误动作
双脚始终要保持全脚掌接触地面，双脚脚尖始终要保持指向前方。以下是可能出现的错误动作。

目标肌肉：核心肌群

俯身慢速跨步登山

保持核心稳定

双手与肩同宽

注意事项

- 动作过程中配合呼吸，迈步时呼气，还原时吸气
- 换腿时，腹部收缩发力带动腿部动作
- 肩部肌肉要保持紧张状态
- 保持背部挺直，上身不动

Step 1 俯撑，双手与肩同宽，保持背部挺直。

Step 2 核心收紧，右腿屈膝抬起，迈向右手方向，右脚落于右手外侧。

Step 3 右脚落于右手外侧后，停留一下。

Step
4 随即右腿收回，恢复起始姿势。

Step
5 左腿屈膝抬起，迈向左手方向，左脚落于左手外侧。

难度级别
中级

益处
- 锻炼核心肌群
- 增强核心稳定性

注意事项
- 双臂自然伸直垂直于地面
- 膝盖与脚尖保持方向一致
- 腹部保持紧张

Step
6 左脚落于左手外侧后，停留一下。双腿交替重复动作。

2.2 女性魅力养成——挺拔胸部

目标肌肉：胸大肌、三角肌前束

平卧小哑铃推举

Step
1 仰卧，双腿屈膝，双脚踩地。双手持哑铃，拳眼相对，上臂紧贴地面，屈肘呈90度，前臂垂直于地面。

膝关节弯曲

屈肘90度

Step
2 由胸部发力，把哑铃向上举起至手臂完全伸直。

双脚始终踩地

Step
3 双臂屈肘，缓慢向下，恢复起始姿
势。重复动作，完成规定次数。

难度级别
中级

益处
- 锻炼胸部肌肉，塑造整体形象

注意事项
- 时刻保持注意力集中
- 自然呼吸，配合动作节奏
- 胸部保持发力

多角度图

目标肌肉：胸大肌、肱三头肌

跪姿俯卧撑

背部平直

双手与肩同宽

Step
1 呈跪姿双手双膝撑地，手臂自然伸直，双手与肩同宽。保持背部平直。双脚保持交叉。

双臂夹紧

Step
2 双臂屈肘略大于或接近90度，上身逐渐接近地面。上臂尽量平行于地面，同时注意上臂要贴紧身体两侧。

Step
3 双臂发力，用力撑起上身。恢复至起始姿势，完成规定次数。

多角度图

难度级别

中级

益处
- 锻炼胸部和上肢肌群
- 增强核心稳定性

注意事项
- 双臂自然伸直，双手撑于地面
- 腹部保持紧张

错误动作

许多健身新人在练习俯卧撑时都会出现塌腰、弓腰、颈部用力等错误。长期错误的姿势会使腰椎、颈椎受到一定伤害。为了避免这种情况可尝试将臀部夹紧，核心肌肉用力。

✗ 塌腰

✗ 颈部用力

目标肌肉：胸大肌、三角肌前束

小哑铃平地飞鸟

Step
1 仰卧，双腿屈膝，双脚分开，撑地距离与肩同宽。背部贴于地面，双手持哑铃，掌心相对位于胸部上方，双肘稍微弯曲。

双肘略微弯曲

Step
2 保持微屈肘部，向两侧缓慢打开。

难度级别
中级

益处
- 强化胸部肌肉
- 改善胸部线条

注意事项
- 注意胸部发力
- 保持动作稳定
- 负重不宜过大

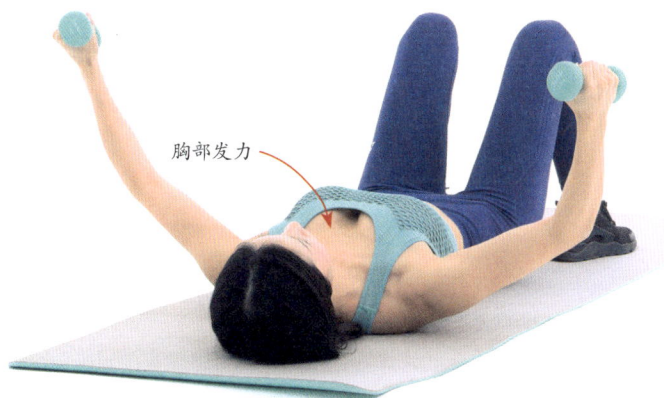

胸部发力

Step
3 双臂打开至最低点，但双臂不接触地面，注意感受
胸肌的发力。然后将哑铃举回起始位置，完成规定
次数。

错误动作

✗ 过度伸直

✗ 手腕弯曲

目标肌肉：胸大肌、三角肌前束、臀大肌

小哑铃臀桥推举

大腿与躯干呈直线

臀部发力

Step 1 仰卧，双腿屈膝，双脚分开蹬地，距离与肩同宽，臀大肌发力向上顶臀至大腿与躯干呈一条直线。肩胛骨下沉，上背部作为支撑，双手持哑铃，上臂贴于地面，屈肘呈90度，前臂垂直于地面。

Step 2 双臂向上举起。

难度级别
中级

益处
● 锻炼胸部、肩部和臀部肌肉
● 增强核心稳定性

注意事项
● 手部自然伸直垂直于地面
● 膝盖与脚尖保持方向一致
● 核心与臀部肌肉收紧

双臂平行，且垂直于地面

Step 3 双臂逐渐靠拢，直至双臂完全伸直，哑铃相对。然后双臂缓慢向两侧打开向下降至起始姿势，完成规定次数。

2.3 不可忽视的部位——美人肩

目标肌肉：三角肌中束、冈上肌

小哑铃侧平举

Step
1 身体自然直立，双手各持一
个哑铃垂于身体两侧，掌心
相对。

Step
2 双臂同时向身体两侧平举，至双
臂呈一条直线。保持1~2秒，恢
复起始姿势，完成规定次数。

双臂向两侧打开

难度级别
中级

益处
● 最大限度地锻炼三角肌中束
● 改善肌肉线条

注意事项
● 保持手臂伸直，动作稳定
● 核心肌肉收紧

47

目标肌肉：三角肌前束

小哑铃交替前平举

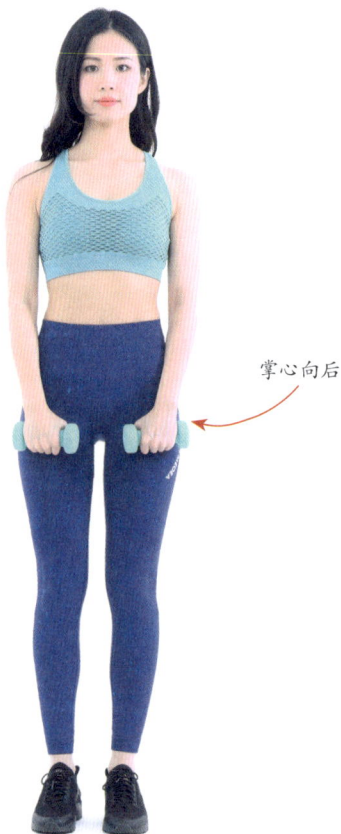

难度级别

中级

益处
- 最大限度地锻炼三角肌前束
- 改善肌肉线条

注意事项
- 保持手臂伸直，动作稳定
- 核心肌肉收紧

掌心向后

Step
1 身体自然直立，双手各持一个哑铃垂在身体前侧，掌心向后。

2 向上抬起左臂，至与地面平行的位置。

手臂平行于地面

多角度图

Step
3 保持1~2秒。放下左臂，换右臂重复该动作，两臂交替进行，完成规定次数。

正误对比

耸肩

目标肌肉：三角肌后束和上背肌群

俯身小哑铃飞鸟

Step 1 双脚自然分开，俯身至上身与地面接近平行。双手各持一个哑铃，掌心相对，双肘微屈。

保持背部平直

多角度图

难度级别

中级

益处
- 锻炼肩部后侧肌肉与上背部肌肉
- 改善肩部肌肉线条
- 改善圆肩驼背的体态

注意事项
- 若俯身时感觉有难度，则选择小重量的哑铃
- 避免腰部摆动，力量集中在背部
- 双臂运动时保持稳定，避免晃动
- 双臂打开时呼气，收回时吸气

双臂向两侧打开

Step 2 呼气时，双手向身体两侧用力伸展，感受肩、背部的发力。

Step
3 双臂逐渐抬至与肩同高，拳心始终朝下，保持1~2秒。

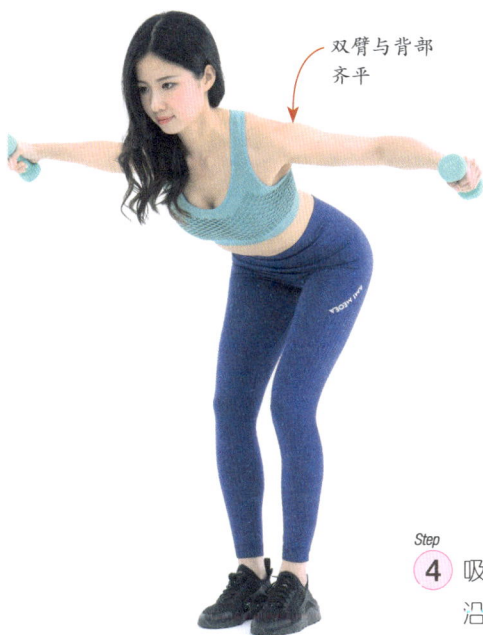

双臂与背部
齐平

Step
4 吸气时双臂缓慢向下，沿原运动轨迹反方向恢复至起始姿势，完成规定次数。

正误对比

俯身时，要保证背部挺直，不可出现弯腰驼背的现象。

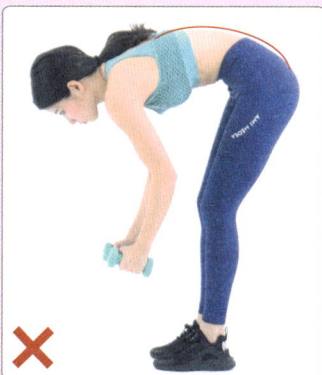

✔ ✘

目标肌肉：三角肌中束、前束

小哑铃坐姿推肩

Step 1 坐在椅子上，双脚分开与肩同宽，双手各持一只哑铃置于大腿上，掌心向下，目视前方。

背部挺直

拳眼相对

难度级别

中级

益处
- 可以有针对性地锻炼三角肌中束和前束
- 提高身体稳定性和肩部力量

注意事项：
- 由三角肌发力带动双臂上举
- 腹部收紧，背部挺直，保持挺胸

Step 2 肩关节外旋，上臂抬起至平行于地面，双臂屈肘约90度，前臂垂直于地面。双手持哑铃举于肩部上方，掌心向前。

多角度图

Step
3 呼气时将哑铃向上推举。

双臂向上

手臂伸直

Step
4 双臂继续向上推举，并使哑铃向中间靠拢，直至双臂完全伸直。过程中保持腹部收紧，背部挺直。保持1~2秒，双臂缓慢向下，恢复起始姿势，完成规定次数。

正误对比

准备姿势，要保证手臂与肩部、头部在同一平面，不可出现在前、在后的情况。

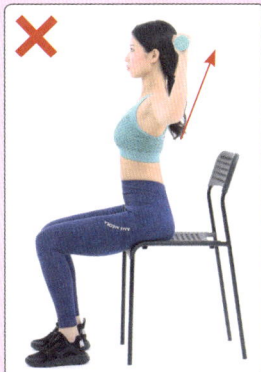

✓ ✗ ✗

2.4 拒绝拜拜肉——纤细手臂

目标肌肉：肱二头肌、肱肌

小哑铃弯举

Step 1 身体自然直立，双脚分开与肩同宽，双手各持一个哑铃垂于身体两侧，掌心向前。

掌心向前

多角度图

向上弯举

Step 2 以肘关节为轴向上屈肘弯举，过程中上臂夹紧保持不动。

Step
3 继续向上弯举，使哑铃最大限度
地靠近双肩，停留一下后恢复起
始姿势，完成规定次数。

过程中
保持上
臂夹紧

多角度图

难度级别

中级

益处
- 收紧手臂肌肉，塑造手臂线条
- 加强手臂肌肉群的力量

注意事项
- 在动作过程中，身体始终保持直立状态
- 双臂抬起和下放的过程中要适当控制速度
- 前臂贴近上臂时，要尽可能收紧

错误动作

在动作过程中，上臂要始终与身体平行，手肘紧贴于体侧，肘部不可向前，也不可向后。

✕ 肘部向前

✕ 肘部向后

目标肌肉：三角肌、肱二头肌

小哑铃复合推举

Step
1 身体自然直立，双手各持一个哑铃，掌心相对，垂于身体两侧。

Step
2 掌心朝向身体，双手持哑铃弯举，在最高位置停留一下。

屈肘

上臂与地面平行

Step
3 双肘打开，发力向上推起至上臂与肩齐平。

双臂完全伸直

难度级别

中级

益处
- 复合推举可以使手臂和肩部得到全面的锻炼

注意事项
- 在动作过程中，核心肌群应持续发力，保持稳定
- 推举时可配合呼吸，推举时呼气，收回时吸气

多角度图

Step
4 双手继续上举，直至手臂完全伸直，停留一下，恢复起始姿势，完成规定次数。

正误对比

推举至双臂伸直时，双臂应与地面垂直，不可屈肘，也不可手臂外扩。

✅ 手臂伸直　　❌ 屈肘　　❌ 手臂外扩

目标肌肉：肱三头肌

小哑铃俯身臂屈伸

上臂与背部齐平

Step 1 双脚分开与肩同宽站立，双手各持一只哑铃。屈膝，向前俯身至上身与地面呈45度。屈臂，将哑铃拉至身体两侧，且肘关节紧贴身体。

Step 2 上臂紧贴身体保持固定，伸展肘关节，使前臂向身体后侧移动，至手臂伸直。

前臂向后伸展

双臂伸直

Step
3 双臂继续向后伸展至完全伸直，停留一下后恢复起始姿势，完成规定次数。

难度级别

中级

益处
- 充分锻炼肱三头肌
- 增强双臂肌肉力量，起到塑形作用

注意事项
- 在动作过程中，身体躯干始终保持准备姿势，腰部不可扭动
- 上臂始终贴近身体

正误对比

✔
上臂夹紧

✘
上臂打开

✘
双臂向两侧打开

59

目标肌肉：肱三头肌

凳上反屈伸

双腿放松

双臂伸直

双脚撑地

难度级别

中级

益处
- 增强肱三头肌力量
- 提高身体稳定性，增强对身体的控制能力

注意事项
- 有控制地进行双臂屈伸
- 增大双脚与椅子的距离，可增加训练难度

Step 1 背对椅子，双手支撑于椅子边缘，双手打开与肩同宽，双腿屈膝，双脚支撑于地面，臀部保持悬空。

双臂有控制地屈肘90度

沿座椅边缘下落

Step 2 屈肘降低身体，至背部有轻微拉伸感，肘部弯曲呈90度。同时配合呼吸，下降时吸气，上升时呼气。背部始终保持挺直。完成规定次数。

＼ 目标肌肉：肱三头肌 ／

小哑铃颈后臂屈伸

双臂伸直

Step 1 身体自然直立，双手各持一个哑铃。手臂伸直，将哑铃举于头部上方。

难度级别

高级

益处
- 增强双臂肌肉耐力
- 改善双臂肌肉线条

注意事项
- 在动作过程中保持上身挺直，核心收紧，肘部不要外展

屈肘

Step 2 双臂屈肘，缓慢向颈后移动哑铃。

多角度图

Step 3 继续屈肘，使前臂低于水平位置。至最低点时停留一下，然后双臂举起恢复起始姿势，完成规定次数。

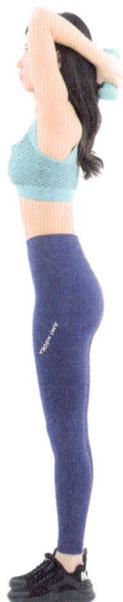

多角度图

2.5 女神气质的展现——天鹅背

目标肌肉：斜方肌、菱形肌

小哑铃俯身划船

Step 1 屈髋屈膝站立，双脚分开，俯身至背部与地面呈45度。双手各持一个哑铃，掌心相对，双臂伸直自然下垂。

双臂自然伸直

背部挺直

难度级别 **高级**

益处
- 改善背部肌肉线条
- 增加背部肌肉力量，使身体挺拔

注意事项
- 在动作过程中，身体持续保持原有姿势
- 提拉过程中上臂要贴近身体
- 双臂向上提拉，背部有意识地夹紧

Step 2 弯曲双手肘关节，将哑铃向上提拉。

上臂夹紧

Step
3 将哑铃提拉至身体两侧。稍作停留后，恢复起始姿势，完成规定次数。

错误动作

上臂未夹紧

目标肌肉：斜方肌、菱形肌

小哑铃俯身交替划船

Step 1 屈髋屈膝，双脚分开，身体前倾至背部与地面呈45度，呈俯身姿势。双手各持一个哑铃置于膝盖上方，背部挺直。

掌心向后

保持核心肌肉收紧

不可弓腰

Step 2 肩胛骨收缩，上臂夹紧。右臂向上提拉。

Step 3 将哑铃提拉至胯部，稍作停顿后恢复起始姿势。

难度级别

中级

益处

- 改善背部肌肉线条，使身体挺拔
- 增强背部、双臂肌肉力量

注意事项

- 在动作过程中，背部保持挺直，不可弓起
- 双臂交替划船过程中腰部不可扭动
- 提拉时呼气，恢复动作时吸气

Step
4 左臂重复动作。

右臂下放
左臂提起

保持核心
肌肉收紧

Step
5 将哑铃提拉至胯部，略作保持，
然后恢复起始姿势，双臂交替
进行，完成规定次数。

目标肌肉：斜方肌、菱形肌、核心肌群

小哑铃俯撑划船

Step 1 双手各持一个哑铃俯身支撑，哑铃位于肩部下方，脚尖撑地，身体从头到脚呈一条直线。

右臂伸直撑地

Step 2 左侧背部肌肉发力，向上提拉哑铃至最高点并稍作停顿。

多角度图

身体保持挺直

Step
3 右手重复动作，双臂交替进行。完成规定次数。

左臂伸直撑地

难度级别

高级

益处
- 双臂、背部肌肉得到充分锻炼
- 收紧背部、腹部肌肉，改善背部、腹部线条

注意事项
- 利用背部肌肉向上提
- 核心收紧，身体保持稳定
- 动作过程中保持背部平直

2.6 完美曲线的关键——小蛮腰

目标肌肉：腹直肌

小哑铃卷腹

Step 1 仰卧，屈髋屈膝，双脚踩地。双手各持一个哑铃，屈肘，使掌心相对。

双脚踩地

Step 2 双手持哑铃交叉于胸前，准备做卷腹动作。

多角度图

难度级别

中级

益处
- 收紧腹部，锻炼腹部肌肉

注意事项
- 上背部抬起过程中保持平稳
- 头部不要用力前伸

Step
3 腹部发力，上背部抬起卷腹，过程中双脚不可离开地面。然后慢慢恢复起始姿势。完成规定次数。

目标肌肉：腹直肌

小哑铃两头起

双臂与身体呈一条直线

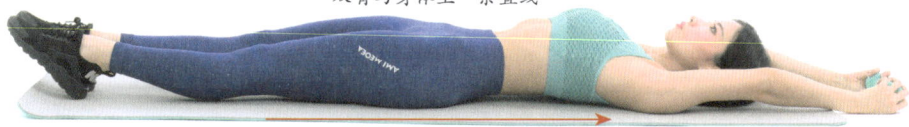

Step

1 仰卧，双手分别持哑铃的
两端，双腿伸直，手臂伸
直举过头顶。

多角度图

腿部保持伸直

Step

2 双手双脚同时向上抬起，保持
动作的连贯性。

难度级别

高级

益处

● 有效增加腰腹部力量

注意事项

● 四肢要保持伸直，避免膝关节弯曲
● 颈部不要过度用力

双腿垂直于地面

多角度图

Step

3 抬至双腿与双臂呈平行的状态。稍作停顿，然后慢慢恢复起始姿势。重复动作，完成规定次数。

目标肌肉：腹斜肌、腹直肌

小哑铃俄罗斯转体

Step
1 坐姿，双手持握哑铃的两端，屈肘，将哑铃置于胸前。双腿并拢并屈膝，双脚抬离地面，距地面约10厘米。

收紧核心

膝关节弯曲

双脚保持离地姿势

Step
2 控制核心的力量，上身向左侧旋转。

难度级别

中级

益处
- 收紧腹部肌肉，改善腹部线条

注意事项
- 保持核心肌群收紧
- 过程中腿部保持一定高度

Step
3 身体保持稳定，再向右侧转体。
两侧交替进行，完成规定次数。

正误对比

转体时上身要左右旋转。不可以只有手臂摆动。

✅

❌

目标肌肉：腹斜肌、腹直肌

仰卧交替摸脚跟

双脚撑地

Step **1** 仰卧，屈髋屈膝，双脚撑地，双臂伸直，紧贴身体两侧。

保持下背部贴地

Step **2** 腹部发力，使肩部向上抬离地面，保持腹部肌肉的紧张感。

多角度图

难度级别

中级

益处
- 很好地锻炼腹部肌肉，塑造身形

注意事项
- 在动作过程中，保持腹部收紧
- 动作中配合呼吸，摸脚时呼气，恢复时吸气

Step
3 向左侧侧屈，左手去够左脚。

躯干向左侧倾斜

Step
4 然后回到起始姿势，向右侧侧屈，双手交替摸脚。完成规定次数。

2.7　提升性感指数——蜜桃臀

目标肌肉：臀部肌肉群、股四头肌

小哑铃深蹲

Step 1 身体自然直立，双脚分开与肩同宽或略宽于肩。双手各持一个哑铃，自然下垂于身体两侧，掌心相对。

背部保持挺直

多角度图

Step 2 腹部收紧，肩膀略微后缩下沉，随即屈髋、屈膝下蹲，重心向下。

难度级别

中级

益处

- 提高臀大肌和股四头肌的力量，以及弹跳能力
- 紧实臀部与大腿肌肉，使肌肉线条更优美

注意事项

- 在动作过程中，不要弯腰
- 下蹲时膝盖不可超过脚尖
- 配合呼吸，下蹲吸气，站起时呼气

Step

3 继续下蹲至大腿与地面平行，稍作停顿，随即臀部发力站起恢复起始姿势。完成规定次数。

大腿与地面平行

大腿与地面平行

多角度图

77

目标肌肉：臀大肌、股四头肌

小哑铃交替后撤步箭步蹲

Step 1 身体自然直立，双脚分开与肩同宽或略宽于肩。双手各持一个哑铃，自然下垂于身体两侧，掌心相对。

难度级别

中级

益处
- 塑造臀部、腿部肌肉线条
- 加强肌肉代谢，消耗脂肪

注意事项
- 在动作过程中保持身体稳定
- 膝盖尽量不要超过脚尖

Step 2 腹部收紧，肩膀略微后缩下沉。随即向后撤一大步，慢慢降低身体呈弓步。保持1~2秒，恢复起始姿势，换另一侧重复该练习，完成规定次数。

背部挺直

屈膝90度

78

目标肌肉：臀部肌肉群、股后肌群

小哑铃基本硬拉

难度级别

中级

益处
- 塑造臀部、腿部肌肉线条
- 加强肌肉代谢，消耗脂肪

注意事项
- 在动作过程中，上身保持挺直目视前方
- 下蹲时膝盖不可向前顶，并保持方向与脚尖一致

Step 1 身体自立，双脚左右分开站立，采用宽站距。双手持握哑铃两端。

Step 3 臀部肌肉用力，向上提拉，背部肌肉收缩用力，脊柱挺直。

多角度图

多角度图

Step 2 上身挺直，双腿微屈，向前屈体至上身与地面平衡。

目标肌肉：臀中肌、髋外展肌

小哑铃单腿直立侧外展

难度级别

中级

益处
- 塑造臀部、腿部肌肉线条
- 有效锻炼臀中肌，增加肌肉力量

注意事项
- 在动作过程中，身体直立，上身挺直
- 支撑腿要稳定，保证身体平衡
- 臀部肌肉发力，带动腿部外展

Step 1 身体自然直立，右手扶住固定物体，左手持哑铃，左臂自然垂落于体侧。

Step 2 左腿向体侧外展，抬起到最高位置后保持1~2秒，恢复起始姿势。完成规定次数后换另一侧进行。

多角度图

上身保持直立不可倾斜

2.8　改善身材比例——修长美腿

目标肌肉：股四头肌、臀部肌肉

小哑铃酒杯深蹲

Step
1 身体自然直立，双脚分开与肩同宽或略宽于肩。双手持一个哑铃举于胸前。

Step
2 屈髋屈膝，向下蹲。

Step
3 继续下蹲至大腿与地面接近平行。保持姿势1~2秒，恢复至起始姿势，完成规定次数。

背部保持挺直

多角度图

难度级别

中级

益处
● 塑造臀部、腿部肌肉线条
● 有效增强臀部力量

注意事项
● 在动作过程中，背部始终挺直
● 膝盖尽量不要超过脚尖
● 腰部收紧，臀部发力

错误动作

常见错误有膝盖内扣、膝盖超过脚尖和上身过度前倾。

膝盖内扣

膝盖超过脚尖

上身过度前倾

目标肌肉：臀大肌、股四头肌

小哑铃保加利亚单腿蹲

Step 1 身体自然直立，双脚分开与肩同宽，双手各握一只哑铃垂于身体两侧，掌心相对。向后抬起左腿，置于位于身后的椅子上。

难度级别

中级

益处
- 塑造臀部、腿部肌肉线条
- 提高身体平衡能力

注意事项
- 站立时，不可离椅子太远
- 膝盖尽量不要超过脚尖
- 下蹲过程中保持身体稳定，背部挺直

距离椅子适当距离

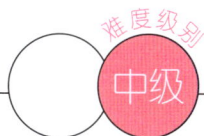

背部挺直

Step 2 慢慢下蹲至右大腿与地面接近平行，保持姿势1~2秒，恢复至起始姿势，完成规定次数后换另一侧进行。

目标肌肉：臀大肌、股四头肌

小哑铃左右腿交叉

Step
1 身体自然直立，双脚分开
与肩同宽，双手各持一个
哑铃，自然垂于身体两侧，
掌心相对。

难度级别

中级

益处
- 塑造臀部、腿部肌肉线条
- 提高身体平衡能力
- 增强髋关节灵活性

注意事项
- 上身尽可能保持挺直状态
- 向后迈步时，后脚要与前脚交
叉而向非正后方迈步

Step
2 左腿向右后方迈步，屈髋屈膝
向下呈交叉弓步，在最低点保
持1~2秒，恢复起始姿势。换
另一条腿重复该练习，双腿交
替进行，完成规定次数。

上身挺直

多角度图

目标肌肉：下肢肌群、三角肌

小哑铃推举跳跃

Step 1 身体自然直立，双脚并拢，双手各持一个哑铃垂于身体两侧，掌心朝前。屈膝的同时向上举哑铃，然后双肘弯曲将哑铃举至双肩上方。

双手拳眼相对

难度级别
中级

益处
- 增强腿部、肩部力量
- 提高身体跳跃能力
- 提高身体协调能力

注意事项
- 由双腿发力快速向上跳跃
- 动作过程中，上身挺直

跳起时身体伸展

多角度图

Step 2 双腿向上跳起并向两侧打开，同时将哑铃向上尽可能举至最高处。恢复起始姿势。

85

目标肌肉：小腿三头肌

小哑铃踮脚尖前后跳

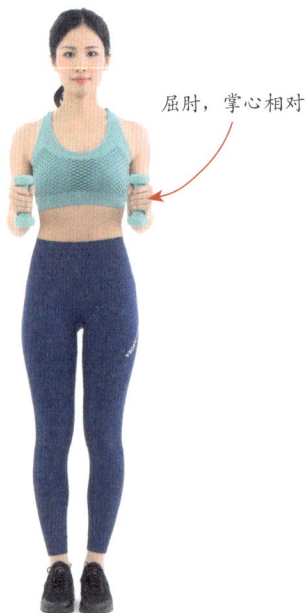

屈肘，掌心相对

难度级别
中级

益处
- 有助于小腿肌肉塑形
- 增强小腿肌肉力量

注意事项
- 双腿匀速交换位置
- 动作过程中，上身挺直
- 保持核心肌肉收紧

Step 1 身体自然直立，双手各持一个哑铃，掌心相对置于身体两侧，与胸部下方齐平。

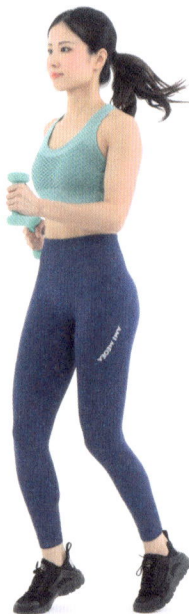

Step 2 双腿交替支撑，轻轻跳跃。双臂同跑步姿势，前后摆动。膝关节略微弯曲，脚尖自然点地。

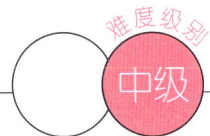

膝关节略微弯曲

2.9 全身放松训练

颈部拉伸

Step
1 身体自然直立。双手扶腰，目视前方，保持自然呼吸。

头部后仰

多角度图

Step
2 头部缓慢向后仰，直至颈部前方产生明显拉伸感，保持1~2秒。随后恢复起始姿势，完成规定次数。

颈部肌肉左右拉伸

Step
1 身体自然直立，腹部收紧，背部挺直，右手置于头部后方，左手扶腰，保持自然呼吸。

手臂适当用力

Step
2 右手扶住头部，适当用力将头部向右侧下压。保持1~2秒，随后恢复起始姿势，换另一侧重复该练习，完成规定次数。

肩部中后束拉伸

Step 1 身体自然直立，左臂向右侧伸直，右手屈肘绕过左臂的肘部，使左上臂紧贴胸部，拉伸左肩，保持1~2秒。

Step 2 双手交换位置，重复该练习，完成规定次数。

肩部前束拉伸

身体自然直立，腹部收紧，腰背挺直。双手在身后十指相交，双臂伸直向后，向上抬双臂在最高点保持1~2秒，随后恢复起始姿势，完成规定次数。

双臂伸直

腰背挺直

多角度图

婴儿式背部拉伸

Step
1 跪坐姿，双手置于大腿上，腰背挺直，目视前方。

腰背挺直

Step
2 上身下俯，双手向前伸直，掌心向下，感受背部肌肉的拉伸感，保持3~5秒。随后恢复起始姿势，重复规定次数。

双臂伸直
双手扶地

多角度图

腹部拉伸

Step
1 俯卧，双手撑地，手臂屈肘，两腿伸直，分开，与髋同宽，双腿紧贴瑜伽垫。

Step
2 呼气时双臂逐渐伸直，上身离开地面，抬头目视前方，用力拉伸腹部肌肉，保持动作6~10秒。吸气时缓慢恢复起始姿势。完成规定次数，使腹部得到充分拉伸。

双臂撑起

动作说明

进行深呼吸更有助于腹部的拉伸。

多角度图

猫式拉伸

Step 1 俯身跪姿，双腿分开与髋同宽，双膝、双手撑地，脚尖点地，手臂伸直。

动作说明

● 弓起背部时，头也应向下、后收
● 控制身体，缓慢进行动作

提拉向上

Step 2 呼气时脊柱向上弓起，腹部收紧，向脊柱贴近，低头，直至背部有较明显的拉伸感，然后保持姿势1~2秒。在此过程中双手、双膝姿势保持不变。

Step
3 向下塌腰的过程中吸气,并向上仰头。

Step
4 继续塌腰,吸气,仰头,直至腹部有明显的拉伸感。保持姿势1~2秒后,缓慢恢复起始姿势,完成规定次数。

向下塌腰

注意事项

动作不宜过快,在弓背和塌腰至最大限度时应稍作停留。

胸部拉伸

Step 1 身体自然直立，右手扶墙或柱子等固定物体，左手扶腰。

Step 2 左腿向前迈步，略微屈膝，身体略微向前。

Step 3 左腿继续屈膝向前，重心前移并稍向左扭转，使右侧胸部产生明显的拉伸感，保持姿势1~2秒。

Step
4 恢复至直立姿势，换左侧拉伸，即左手扶墙或柱子等固定物体，右手扶腰。

Step
5 右腿向前迈步，略微屈膝，身体略微向前。

Step
6 右腿继续屈膝向前，重心前移并稍向右扭转，使左侧胸部产生明显的拉伸感，保持姿势1~2秒。左右交替进行，完成规定次数。

大腿内侧肌肉拉伸

坐姿，上身挺直，双腿尽力向两侧分开，双脚脚尖向上。双手位于身体后侧撑地。保持6~10秒，使大腿内侧肌肉得到充分拉伸。

双腿尽可能向两侧打开

双手撑地

仰卧转髋拉伸

身体保持平躺姿势

Step
1 仰卧，右腿屈膝抬起向左侧转髋，左手扶住右膝位置适当下压，至目标肌肉有明显拉伸感，保持1~2秒。右手手臂伸直侧面平放，左腿伸直。

手部适当用力下压

Step
2 换左侧进行，重复该练习，双腿交替进行，完成规定次数。

手掌贴地

动作说明

注意拉伸的强度不要过大，避免产生疼痛。

多角度图

腘绳肌拉伸

Step 1 由直立姿势开始，双手扶胯，右腿向前迈一步，上身下压，右腿伸直，右脚跟着地，脚尖勾起，左腿屈膝，拉伸右腿腘绳肌，直至目标肌肉有明显的拉伸感，保持3~5秒。

多角度图

Step 2 换左腿进行拉伸，重复该练习，两腿交替进行，完成规定次数。

臀大肌拉伸

① 坐姿，右腿伸直，左腿屈膝与右腿交叉，同时右手抱住左腿膝盖上方，上身向左扭转，左手支撑，将左膝盖拉向胸部，在臀部拉伸感最强的位置保持3~5秒。

手扶膝盖上方

动作说明

● 颈部、肩部保持放松，拉伸时，保持腰背挺直。

腰背挺直

Step
② 换右侧拉伸，重复该练习，两腿交替进行，完成规定次数。

股四头肌拉伸

Step 1 右腿屈膝跪地，左腿屈膝在前，脚尖向前。右手抓住右脚踝，向臀部提拉，使脚跟接触到臀部，感受右腿股四头肌的拉伸感，保持姿势3~5秒。

前腿屈膝90度

Step 2 两腿、两脚交换位置，以相同方式进行左腿股四头肌的拉伸。双腿交替进行，完成规定次数。

多角度图

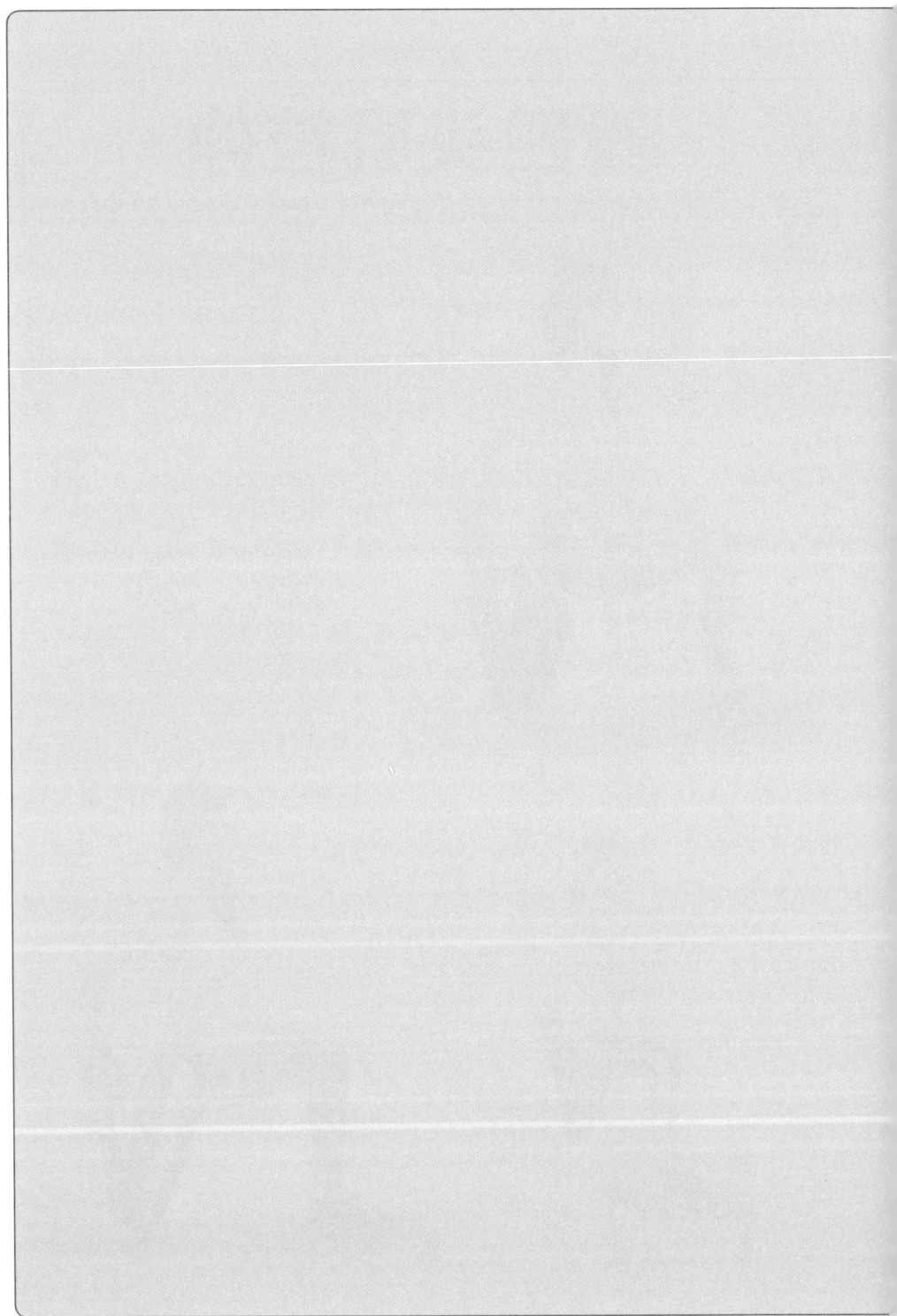

第3章

营养课堂

3.1 如何养成健康的饮食习惯

合理选择和搭配食物，有助于促进健康、降低与营养相关疾病的患病概率。如何养成健康的饮食习惯呢？我总结出了以下几点供大家参考。

食物多样化，以谷类为主

不同的食物中含有各种不同的营养成分，而人体对于营养的需求是多种多样的，单一食物无法保证身体的健康，只有多样化的膳食搭配才能满足营养的均衡供给。

日常食用的食物一般分为谷物类、蔬果类、禽肉蛋奶类和坚果大豆类，其中谷物类是为身体提供能量的基石。谷物类食物含有丰富的碳水化合物，也含有矿物质、膳食纤维和蛋白质等身体所需的营养物质。在食用谷物类食物时，鼓励大家粗粮与细粮均衡搭配，因为常吃粗粮有利于降低肥胖、便秘和慢性疾病的发生概率。

多食用蔬果类、奶制品和大豆类食物

蔬果类食物中含有维生素、矿物质和膳食纤维，是人体微量元素的重要来源。蔬菜的能量一般都较低，非常适合减肥期食用。

奶制品主要为人体提供优质的蛋白质和钙，有利于肌肉生成和骨骼健康，但要避免食用市面上以奶制品为噱头的各种含乳饮料等。

大豆类食物中含有蛋白质、磷脂、不饱和脂肪酸、膳食纤维等多种营养物质。有研究显示，大豆类食物能够降低绝经前和绝经后女性患骨质疏松症和乳腺癌的风险。

少食盐油，控制糖分

研究表明，高盐、高糖、高油的饮食习惯容易引发高血压、高血脂、高血糖和一系列心血管疾病，同时也是造成肥胖的元凶，必须加以控制才能保障身体健康。《中国居民膳食指南（2022）》建议，成人每日摄入食盐量不超过5克，糖分不超过50克，食用油用量在不超过30克，少喝含

备忘录MEMO

为了满足人体所需，做到食物多样化，《中国居民膳食指南（2022）》建议大家平均每天摄入12种以上的食物，每周达到25种以上，以维持膳食平衡。

糖饮料，坚持清淡的饮食并使之成为习惯。

规律饮食，科学锻炼

在进行锻炼的同时，要规划好自己的饮食，以将自己的身体调整到最佳状态。规定好每日进餐时间与餐量，保证身体摄入足量的营养，保持充足的饮水，这些都有助于维持身体活力。

一定要避免为了快速减肥而空腹训练，这样容易在训练时出现乏力或低血糖的情况，轻则无法坚持完成训练量，重则容易发生晕厥等危险。当然也不提倡为了训练更有力量而大吃大喝，控制适量的进食才是提供能量的最佳方式。

训练结束后体内的能量和水分被消耗，适合吃富含蛋白质和维生素的食物，并及时补充水分。

3.2 碳水化合物

碳水化合物既是引发脂肪堆积、导致肥胖的主要因素之一，又是人体中不可或缺的营养物质，完全戒掉碳水化合物并不是健身过程中明智的选择，控制碳水化合物的摄入量才是健康瘦身的最佳方式。

备忘录MEMO

在日常生活中可以适当减少油的用量，选择用蒸、煮等其他方式代替油炸。远离含有反式脂肪酸的食物，如油炸食品、酥皮点心、爆米花、植物奶油等。

3.3 蛋白质

蛋白质是组成细胞的重要成分，人体中各种组织、器官的生长发育都需要蛋白质参与。当身体缺乏蛋白质时，容易产生免疫力下降、贫血、营养不良等一系列问题，但尽管蛋白质如此重要，也不能过量摄入，因为人体所需蛋白质总量在一定范围之内，过量的蛋白质无法吸收时便会给肾脏带来负担。对于成年女性来说，每日所需蛋白质约为55克，运动员、健身人士、青少年和孕妇可以适量增加。

蛋白质根据来源、营养价值等有多种分类方式，较为常见的是根据来源将蛋白质分为植物蛋白和动物蛋白。

植物蛋白

植物蛋白与动物蛋白相比脂肪含量更低（摄入动物蛋白质时更容易因吃肉而摄入脂肪），不易产生肥胖的危险，但也不如动物蛋白容易吸收。优质的植物蛋白更利于人体的吸收和健康，例如大豆蛋白、豌豆蛋白等都为优质蛋白质。

动物蛋白

动物蛋白的主要食物来源是各种肉类、蛋类以及牛奶等。常见的动物蛋白基本都属于优质蛋白质，可以为人体提供所需的氨基酸。但有些富含动物蛋白的食物中会含有饱和脂肪酸和胆固醇等物质，若摄入过量可能会引发一些慢性疾病，因此，食用时一定要适量。

3.4 脂肪

脂肪的作用

在"谈胖色变"的今天，脂肪常常被当作肥胖的罪魁祸首而遭到嫌弃，其实这是十分不公正、也不科学的，适量的脂肪摄入对于人体正常运转是必不可少的。

脂肪是机体的储能物质，通常位于皮下组织中，起到供应能量、保护身体器官、维持体温恒定、参与代谢循环等重要作用。

缺乏脂肪不仅会导致皮肤弹性下降、衰老，还可能引起身体和智力发育缓慢、免疫力降低、营养不良等问题。

同样的，脂肪摄入过量也是不可取的，除了肉眼可见的肥胖之外，脂肪肝、高血压、高血脂、冠心病、脑卒中等也容易找上门来。

脂肪的摄入

对于正常的成年人来说，平均每天摄入120~200克的鱼、禽、蛋类和瘦肉是比较合适的。

在日常生活中，应做到禁止人造反式脂肪酸、控制饱和脂肪酸、选择不饱和脂肪酸。人造反式脂肪酸容易增加患心血管疾病的概率，常见的含人造反式脂肪酸的食物包括油炸食品、爆米花、方便面、火腿肠、代可可脂巧克力、人造奶油蛋糕、起酥油等。饱和脂肪酸摄入过量可能会增加患高血压、高血脂、冠心病的风险，常见的含饱和脂肪酸的食物包括猪肉、猪皮、鸡油、黄油、奶酪、椰子油、棕榈油等。不饱和脂肪酸在预防心血管疾病、增强免疫力、维护视力、增强记忆力等方面有积极作用，常见的含不饱和脂肪酸的食物包括各种鱼类、橄榄油、葵花籽油、亚麻油、玉米油等。

3.5 选择低GI食物，好吃还不胖

GI的定义

对于低GI食物，很多人感到十分陌生，到底什么是低GI食物呢？GI是血糖指数，反映的是食物与葡萄糖相比使血糖升高的速度和能力。

GI越高的食物消化和吸收越快，餐后血糖也会升得越快；GI越低的食物消化和吸收越慢，餐后血糖升得越慢。两者相比，当进食等量食物时，高GI食物会产生更多糖分，在无法完全消耗的情况下就会被存储为脂肪，长此以往便会带来肥胖问题，而且高GI食物由于消化快会使人更快地感到饥饿，从而增加进食次数，这也是它容易引起肥胖的原因之一。因此低GI食物成为肥胖人士和糖尿病患者的首选。纯葡萄糖的GI值为100，以其为参照物，GI值大于70为高GI食物，55~70之间为中GI食物，小于55为低GI食物。

低GI饮食的小建议

● 进食热量不可忽视

低GI食物益处多多，但也不能不受限制地摄入，在培养低GI饮食习惯的同时也要关注每日进食的总热量。普通成年人每日总热量摄入建议为女性1800千卡（7535千焦）左右，男性2200千卡（9209千焦）左右。

● 选择高蛋白、高膳食纤维的食物

在进行低GI饮食的同时，也要重视食物的营养价值，推荐兼具低GI和高蛋白的豆类、鸡肉、牛奶等，以及兼具低GI和高膳食纤维的菠菜、芹菜、西蓝花、生菜、萝卜等常见蔬菜。

● 用低GI食物代替高GI食物

了解常见食物哪些是低GI食物，哪些是高GI食物，在同类范围内进行替换，如以全麦粉代替面粉。

3.6 一直瘦不下去？也许这7种食物是罪魁祸首

相信很多人都有过"怎么运动也瘦不下去"的感觉，这很有可能是因为你在日常饮食中无意间摄入了以下这7种热量极高的食物。

可乐 "快乐肥宅水"没有人会不喜欢，但一罐350毫升的可乐就含有150千卡（630千焦）左右的热量，一个体重56千克的成年女性慢跑25分钟才能消耗掉，

这样的可乐还"快乐"吗？

果脯 很多商家都以"果脯就是水果"为噱头来宣传，事实上，果脯不仅含糖量极高，还常常有大量食品添加剂，食用果脯不仅难以获取水果的营养，还很可能产生许多危害。

薯片 100克薯片的热量为300千卡（1256千焦）左右，而且很多都是采用油

炸的方式制成，加上还含有众多调味料，属于典型的高油高盐食物。

方便面 方便面除了热量高之外，还是一种营养物质含量极低且含有反式脂肪酸的食物，对于身体可谓是百害而无一利。

罐头类食品 罐头类食品的营养价值往往在生产加工过程中都已被破坏了，水果罐头的含糖量极高，而肉类罐头经过腌制后含盐量极高，对身体健康十分不利。

饼干类食品 除全麦饼干以及低温烘烤的饼干之外，饼干类食品大部分都含有很

多色素和香精，热量很高，营养价值很低。

其他油炸食品 油炸食品的脂肪含量通常极高且不易被消化，是导致肥胖和心脑血管疾病的因素之一。油在反复高温下会产生多种有害物质，如二聚体、三聚体以及丙烯酰胺。其次，食物在油炸之后，其中的蛋白质、维生素等物质都已经遭到破坏，无法为身体提供足够的营养。

除了这里列举的7种食物，日常生活中还有其他"垃圾食品"。大家在平时要多加留意食物的营养成分、配料信息等，养成健康的饮食习惯。

3.7 懒人最爱的10分钟减脂餐食谱

减肥期间饮食与运动同样重要，但很多人减肥失败是因为饮食不科学：不会选、不会做、不了解食物的热量，等等。这里介绍几种简单又有效的食谱给大家做参考。

食谱一

早餐：鸡蛋1个，玉米1根，牛奶1杯约250毫升。

餐间零食：苹果1个。

午餐：糙米饭约100克，鸡胸肉约200克，蔬菜1份约150克。

餐间零食：香蕉1根。

晚餐：红薯约250克，无糖薏米粥1碗约200克。

食谱二

早餐：鸡蛋1个，全麦面包1片，豆浆1杯约250毫升。

餐间零食：坚果1份约25克。

午餐：荞麦面约100克，牛排约200克，豆腐1份约100克。

餐间零食：桃子1个。

晚餐：南瓜250克，蔬菜粥1碗约200克。

食谱三

早餐：鸡蛋1个，西红柿1个，无糖黑米红豆粥1碗约200克。

餐间零食：酸奶1盒约150克。

午餐：藜麦饭约100克，鱼肉约200克，黄瓜1根约150克。

餐间零食：梨1个。

晚餐：蔬菜沙拉350克，无糖燕麦粥1碗约200克。

第 4 章

实用的小哑铃健身方案

4.1　新手健身方案

◆ 训练方案A

蠕虫练习
（第19页）
1组
4次/组
组间休息：0

YTWL飞鸟
（第22页）
1组
4次/组
组间休息：0

左右摆腿
（第26页）
1组
左右各4次/组
组间休息：0

平卧小哑铃推举
（第40页）
1组
4次/组
组间休息：0

蛤壳运动
（第30页）
1组
左右各4次/组
组间休息：0

小哑铃臀桥推举
（第46页）
1组
4次/组
组间休息：0

◆ **训练方案B**

侧卧胸推旋转
（第24页）
3组
左右各5次/组
组间休息：15秒

哑铃侧弓步
（第36页）
3组
左右各5次/组
组间休息：15秒

俯身慢速跨步登山
（第38页）
3组
5次/组
组间休息：15秒

原地高抬腿
（第28页）
3组
左右各6次/组
组间休息：15秒

跪姿俯卧撑
（第42页）
3组
6次/组
组间休息：15秒

平板支撑
（第32页）
3组
5次/组
组间休息：15秒

4.2 2周比基尼身材塑造

◆ 训练方案A

小哑铃俄罗斯转体
（第72页）
5组
左右各6次/组
组间休息：15秒

小哑铃俯身臂屈伸
（第58页）
5组
6次/组
组间休息：15秒

俯身小哑铃飞鸟
（第50页）
5组
6次/组
组间休息：15秒

小哑铃坐姿推肩
（第52页）
5组
6次/组
组间休息：15秒

小哑铃单腿直立侧外展
（第80页）
5组
左右各6次/组
组间休息：15秒

小哑铃弯举
（第54页）
5组
6次/组
组间休息：15秒

◆ **训练方案B**

凳上反屈伸
（第60页）
5组
6次/组
组间休息：15秒

小哑铃交替前平举
（第48页）
5组
左右各6次/组
组间休息：15秒

小哑铃俯撑划船
（第66页）
5组
左右各6次/组
组间休息：15秒

小哑铃俯身交替划船
（第64页）
5组
左右各6次/组
组间休息：15秒

小哑铃弯举
（第54页）
5组
6次/组
组间休息：15秒

小哑铃复合推举
（第56页）
5组
6次/组
组间休息：15秒

115

◆ **训练方案C**

小哑铃侧平举
（第47页）
5组
6次/组
组间休息：15秒

小哑铃两头起
（第70页）
5组
左右6次/组
组间休息：15秒

仰卧交替摸脚跟
（第74页）
5组
左右各6次/组
组间休息：15秒

小哑铃深蹲
（第76页）
5组
6次/组
组间休息：15秒

小哑铃基本硬拉
（第79页）
5组
6次/组
组间休息：15秒

小哑铃卷腹
（第68页）
5组
6次/组
组间休息：15秒